TRAITÉ

Méthodique

DES

Principes de la Musique

PAR

HENRY COHEN.

Auteur du Traité d'Harmonie pratique, fondé sur la Mélodie.

Elève de Reicha.

A.V.

Prix 6.f

A PARIS, chez M.rs LEMOINE et C.ie, Editeurs B.rs du ROI, Rue Vivienne, 18.

L et C.ie 1381.

1843

TRAITÉ MÉTHODIQUE
DES PRINCIPES DE LA MUSIQUE.

PREMIÈRE LEÇON.
DES NOTES.

La Musique est l'art de combiner les sons de manière à produire un effet agréable. Pour représenter sur le papier un son musical, on se sert de caractères appelés *notes*. Les notes s'écrivent sur cinq lignes parallèles tracées horizontalement auxquelles on donne le nom de portée:

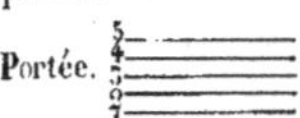

Les lignes se comptent de bas en haut et l'intervalle qui se trouve entre une ligne et une autre se nomme *interligne ou espace*.

1. Notes sur les lignes.   2. Notes dans les espaces.

Une note placée sur les lignes où dans les espaces inférieurs, représente un son plus grave qu'une note placée sur les lignes ou dans les espaces supérieurs. Outre les cinq lignes de la portée on peut placer les notes au *dessus* ou au *dessous* de la portée, ou encore sur de petites lignes additionnelles qu'on ajoute à la portée soit en haut, soit en bas comme dans l'exemple suivant:

Les notes ont sept noms différens qui sont UT ou DO, RE, MI, FA, SOL, LA et SI.[a]

DEUXIÈME LEÇON.
DES CLEFS.

Pour déterminer quelles sont les notes auxquelles les noms conviennent, on se sert de trois signes appelés *clefs*. Ces signes sont: ♪, 𝄢 ou ℭ et 𝄡 ou 𝄡 On les place au commencement de la portée.

La clef ♪ se nomme *clef de sol*. La note placée sur la ligne occupée par la boucle est un *sol*. Cette clef se place sur la seconde ligne.[b] La clef 𝄢 se nomme *clef de fa* et indique que la note placée sur la ligne qui sépare les deux points est un *fa*. Elle se met sur la quatrième ligne et très rarement sur la troisième. La clef 𝄡 se nomme *clef d'ut* et donne le nom d'*ut* à la note qui se trouve sur la ligne renfermée entre l'espace vide. Elle se place sur la première la troisième et la quatrième ligne, et très rarement sur la seconde.

Voici les noms des notes avec chacune des Clefs.....

[a] En Angleterre et en Allemagne les notes se nomment d'une autre manière UT, RE, MI, FA, SOL, LA, SI / C, D, E, F, G, A, B ou H ; ces noms se trouvent toujours écrits sur les Pianos à côté des chevilles, il est assez utile de les connaître.

[b] Autrefois on plaçait aussi la clef de SOL sur la première ligne. Cette clef est tout à fait inusitée aujourd'hui.

Voici maintenant le rapport exact des clefs entre elles.
C'est le même *fa* écrit sur toutes les clefs...................

Cet exemple prouve que les différentes clefs sont nécessaires pour qu'on ne soit pas trop souvent obligé de dépasser les limites de la portée.

La clef de *sol* sert à écrire la main droite du Piano, de l'Orgue et de la Harpe, le Violon, la Flûte, tous les instrumens hauts en général, et les voix hautes. La clef de *fa* sur la quatrième ligne sert à écrire la main gauche du Piano, de l'Orgue et de la Harpe, la Basse, le Basson, tous les instrumens graves en général, et la voix d'homme appelée *basse-taille*. La clef d'*ut* sur la première ligne est exclusivement destinée à la voix haute appelée *soprano* ou *dessus*. La clef d'*ut* sur la troisième ligne sert à l'Alto ou Quinte, aux voix appelées *contralto* et *haute contre* et quelquefois au Trombone. La clef d'*ut* sur la quatrième ligne sert à la voix d'homme appelée *ténor* ou *taille* et en général à tous les instrumens graves, lorsqu'on les fait monter dans leurs notes hautes, afin d'éviter l'emploi trop fréquent des lignes additionnelles en ne changeant pas de clef.

Quant aux clefs d'*ut* sur la seconde ligne et de *fa* sur la troisième ligne, elles ne servent plus aujourd'hui qu'à la *transposition*, terme qui sera expliqué à la page 11.

TROISIÈME LEÇON.
DES GAMMES, DES INTERVALLES ET DES SIGNES ALTÉRATIFS.

La succession de huit notes qui se suivent par dégrés conjoints, c'est-à-dire en parcourant sans sauter les lignes et les espaces, se nomme *gamme*. La gamme peut se faire en montant ou en descendant, et dans ce dernier cas, il faut nommer les notes à rebours.

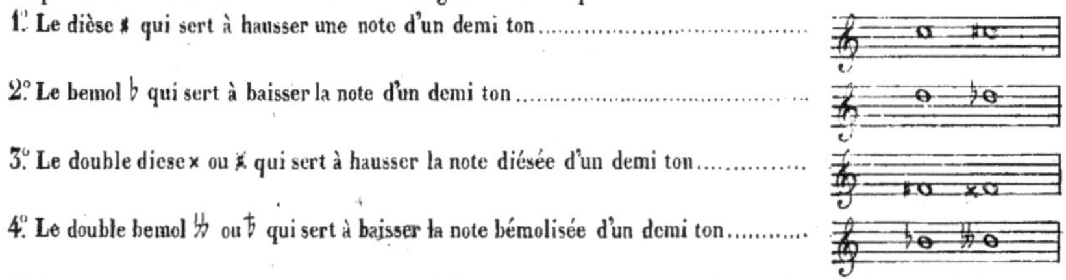

La distance d'un son à un autre se nomme *intervalle*. Les intervalles se divisent en tons et en demi-tons. Pour pouvoir exprimer tous les demi-tons on a inventé des signes altératifs qui sont:

1.° Le dièse ♯ qui sert à hausser une note d'un demi ton...................................

2.° Le bemol ♭ qui sert à baisser la note d'un demi ton...................................

3.° Le double dièse × ou ♯♯ qui sert à hausser la note diésée d'un demi ton...............

4.° Le double bemol ♭♭ ou ♭ qui sert à baisser la note bémolisée d'un demi ton............

5.° Le bécarre ♮ qui sert à rétablir dans son état naturel la note qui a été altérée par l'un des signes précédens.

Il y a deux sortes de demi-tons. Le demi ton *mineur*, et le demi-ton *majeur*. Le demi ton mineur a lieu lorsque deux notes éloignées seulement d'un demi-ton changent de nom, comme dans les exemples suivans...................

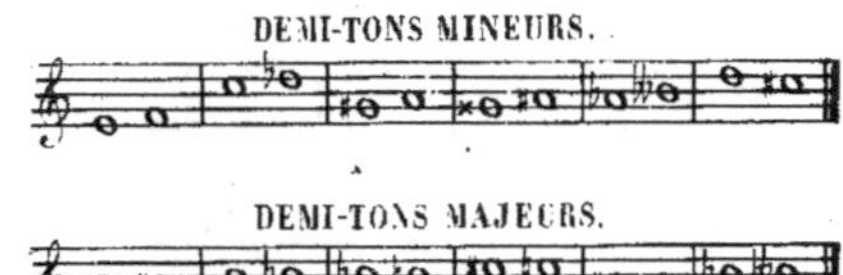

Le demi-ton majeur a lieu lorsque les deux notes ne changent pas de noms comme dans les exemples suivants:

On appelle notes synonimes celles qui se prennent au Piano sur la même touche et qui ne diffèrent entre elles que d'un intervalle extrèmement faible qu'on nomme *comma*. Voici des exemples de notes synonimes ou *enharmoniques* [a]

---

[a] Il est bon de savoir de bonne heure la différence réelle qui existe entre les notes enharmoniques. Sans entrer dans de grands détails, il suffit de dire que l'UT♯ est plus haut que le RÉ♭, Le MI♯ plus haut que le FA♮, Le FA× plus haut que le SOL♮, et que par conséquent le RÉ♭ est plus bas que l'UT♯, le FA♭ plus bas que le MI♮, et le SI♭♭ plus bas que le LA♮.

Lorsqu'on pose les signes d'altération en tête d'une portée immédiatement après la clef, cela dénote que toutes les fois que vient la note dont le signe indique l'altération, il faut la lui faire subir, n'importe à quel dégré de l'échelle musicale elle se trouve. On appelle *échelle musicale*, la réunion de tous les sons qui existent, depuis le plus grave jus qu'au plus aigu. Ainsi si l'on voyait le passage suivant:

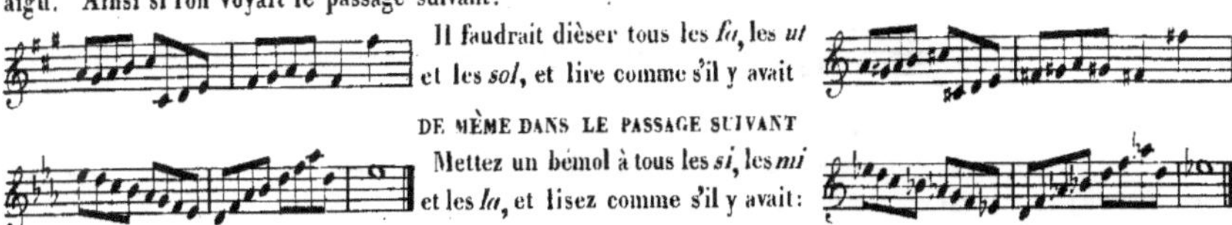

La présence de ces signes après la clef, indique ce qu'on appelle le *ton du morceau*, et si l'un de ces signes venait accidentellement dans le courant d'un morceau, il conserverait sa valeur pendant au moins la durée de la mesure où on le verrait. Le mot *mesure* sera expliqué à la page 8.

Ayant commencé à parler des intervalles, il est nécessaire d'expliquer tout ce qui leur a rapport avant d'aller plus loin.

Un intervalle composé de deux dégrés conjoints se nomme seconde, de trois dégrés, tierce, de quatre dégrés, quarte, de cinq dégrés, quinte, de six dégrés, sixte, de sept dégrés, septième, de huit dégrés, octave. On peut aller plus loin en disant: neuvième, dixième, &c. mais ces dénominations sont d'un usage moins fréquent.

Voici le premier tableau de ces intervalles dans lequel ne figure pas *l'unisson* qui n'est que le point de départ des intervalles comme ....

Ces intervalles peuvent se modifier si l'on ajoute un dièse ou un bémol a l'une de leurs notes, et dans ces cas on peut en étendre le nombre jusqu'à 19. Voici un second tableau qui indique chacune de ces modifications avec les noms qu'on leur donne, et le nombre de demi tons ou ton renfermé dans chacun des intervalles.

Il ne faut pas confondre entre eux les intervalles composés du même nombre de demi-tons tels que la seconde majeure et la tierce diminuée &c. parceque c'est le nombre de dégrés que l'on parcourt qui décide à quel genre d'intervalles doit appartenir tel ou tel nombre de demi-tons.[a]

Maintenant que j'ai parlé de l'Octave, je puis compléter ce qui manque à l'article des clefs.

1°. Les voix d'hommes et la guitare exécutent les notes de la clef de *sol* une octave plus bas qu'elles ne sont écrites, il en est de même du Violoncelle; d'autres instrumens, tels que la petite flûte les exécutent une octave plus haut.

2°. Les voix de femmes qui voudraient chanter des morceaux écrits avec la clef de *fa* les exécuteraient une octave plus haut qu'ils ne sont écrits.

3°. Il existe une clef faite ainsi elle indique qu'il faut jouer une Octave plus haut les notes de la clef de *sol*, au lieu de cette clef, on peut également écrire au dessus des notes que l'on veut hausser d'une octave 8---- ou 8ᵛᵃ....

---

[a] Je ne parle point du renversement des intervalles qui est tout-à-fait du domaine de l'harmonie et ne peut servir qu'à surcharger inutilement la mémoire des commençans, et même les seuls intervalles modifiés que les commençans aient vraiment besoin de connaître sont la tierce mineure et la tierce majeure.

QUATRIÈME LEÇON
DES TONS ET DES MODES.

Dans la gamme telle qu'on l'a vue précédemment il se trouve cinq tons et deux demi-tons mineurs.

Une gamme ainsi faite se nomme gamme *diatonique*. Les deux demi-tons sont nécessaires, car si on voulait procéder toujours par tons, on ne retrouverait pas l'octave juste et la succession des notes serait d'un effet complètement faux. En voici un exemple :

D'*ut* à *ut* on se trouve avoir un ton de plus qu'il n'en faut pour l'Octave. Mais outre la gamme diatonique on peut parcourir toute l'étendue de l'octave par demi-tons et cette gamme se nomme gamme *chromatique*.

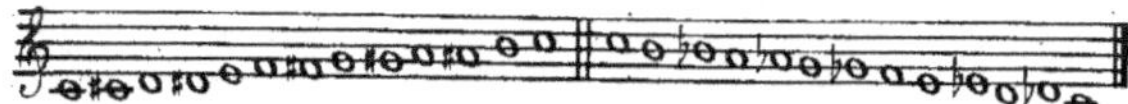

Avant de parler des différens tons il est nécessaire de dire que les notes outre leurs noms particuliers de *ut, re, mi*, &c. ont des noms génériques que voici :

tonique ou 1.er degré	second degré	médiante ou 3.e degré	sous dominante ou 4.e degré	dominante ou 5.e degré	6.e degré	sensible ou 7.e degré

Le second degré s'appelle quelquefois aussi sustonique ou sous-médiante et le sixième degré susdominante ou sous-sensible. On peut encore dire la seconde du ton, la 3.ce, du ton la 4.te, la 5.te, la 6.te et la 7.e du ton. Ces noms sont génériques parcequ'ils ne changent jamais, n'importe le ton dans lequel on se trouve.

Lorsqu'une gamme diatonique est construite comme celle que l'on vient de voir, c'est-à-dire que les deux demi-tons se trouvent du 3.e au 4.e degré et du 7.e au 8.e [a] on dit que le *mode* de cette gamme (c'est-à-dire sa manière d'être) est *majeur* et l'on appelle cette gamme, *gamme majeure*. Mais si le premier de ces demi-tons était placé du second degré au troisième, le mode serait *mineur*, et la gamme serait une *gamme mineure*, bien que le second demi-ton fût placé comme dans la gamme majeure. Voici une gamme mineure.

Les signes d'altération qu'on introduit dans la gamme mineure sont nécessités par la loi qui veut que dans la gamme diatonique *On ait cinq tons et deux demi tons*[b], mais la gamme mineure en descendant ne se fait pas de même qu'en montant. Le premier demi ton y est placé comme en montant, mais le second se trouve entre le 5.e et le 6.e degré.

Ce changement est nécessaire pour rétablir la gamme dans son état naturel et sans altération.

---

[a] Le 8.e degré est la répétition de la tonique. On se sert de ce mot pour éviter les longueurs.

[b] Cette loi est la preuve que les manières suivantes de faire la gamme mineure sont défectueuses.

La première manière adoptée en France par le Conservatoire de Paris est la plus mauvaise de toutes puisque l'intervalle de seconde augmentée qui s'y trouve n'est pas même classé parmi les degrés conjoints. La seconde manière est mauvaise en montant et bonne en descendant. Celle qui est indiquée dans le corps de cet ouvrage est adoptée en Italie, en Allemagne et par beaucoup de professeurs français; c'est la seule qui soit chantante et la seule qui suive les lois de la gamme diatonique. Si l'on voulait conserver le sixième degré de cette gamme dans son état naturel pour ne pas lui faire perdre son caractère Mineur il n'y aurait que le seul moyen suivant, (assez incomplet) de faire la gamme mineure.

Il faut donc se rappeler que les deux demi-tons doivent se trouver :

1° Dans la gamme diatonique majeure du 3ᵉ. au 4ᵉ. dégré et du 7ᵉ. au 8ᵉ.

2° Dans la gamme diatonique mineure *montante* du 2ᵉ. au 3ᵉ. dégré et du 7ᵉ. au 8ᵉ.

3° Dans la gamme diatonique mineure *descendante* du 2ᵉ. au 3ᵉ. dégré et du 5ᵉ. au 6ᵉ.

Cette règle donne la raison de tous les tons; car si l'on voulait, par exemple, commencer par *sol* une gamme majeure sans y introduire aucun signe altératif, on aurait bien un demi-ton de *si* à *ut* (3ᵉ. et 4ᵉ. dégrés) mais on aurait un demi-ton de *mi* à *fa* (6ᵉ. et 7ᵉ. dégrés,) et un ton entier de *fa* à *sol* (7ᵉ. et 8ᵉ. dégrés.) La gamme serait donc fautive dans sa partie supérieure. Pour obtenir un résultat semblable aux précédens il faudrait ajouter un dièse au *fa* ,

En voici la preuve :

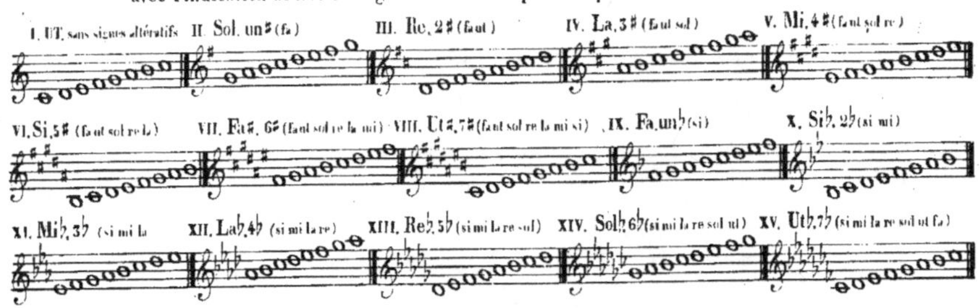

Si l'on voulait commencer une gamme par *re* ou par *la* &c. sans y introduire de signes altératifs, ce serait encore pis, car dans la gamme fautive qu'on vient de voir, du moins le premier demi-ton se trouve juste, et il ne le serait pas non plus, si on la faisait en *re* ou en *la* sans y mettre les dièses nécessaires. Il en serait de même si l'on voulait commencer une gamme par *fa* sans y introduire de bémol, et il en serait encore de même pour toutes les gammes mineures.

TABLEAU DES GAMMES MAJEURES
avec l'indication de tous les signes accidentels qu'il faut placer dans chacune d'elles.

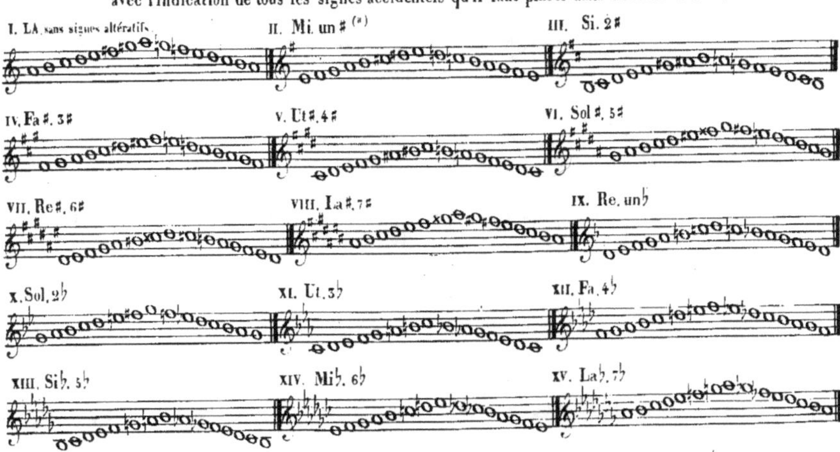

TABLEAU DES GAMMES MINEURES
avec l'indication de tous les signes accidentels qu'il faut placer dans chacune d'elles.

(a) Les notes qui reçoivent le dièse ou le bémol étant les mêmes que dans les gammes majeures il a paru inutile d'en faire ici la répétition.

Dans les tons mineurs les notes altérées n'étant qu'accidentelles, on ne met à la clef que les signes de la gamme descendante, qui sont les signes propres du ton.

Pour se rappeler facilement les tons, le nombre de dièses ou de bémols qui y entrent et les notes qui reçoivent successivement ces signes, il existe d'excellens moyens de routine qui valent mieux que les moyens scientifiques.

1.° Dans les tons diésés majeurs chaque nouveau dièse qu'on ajoute est à la sensible du ton.

2.° Dans les tons bémolisés majeurs chaque nouveau bémol qu'on ajoute est au 4.° degré du ton.

3.° Si on se rappelle par cœur les noms des six premiers tons diésés il suffit de les compter à rebours pour trouver les tons bémolisés.

$$\begin{cases} \text{SOL}(1\,\sharp) \quad \text{RE}(2\,\sharp) \quad \text{LA}(3\,\sharp) \quad \text{MI}(4\,\sharp) \quad \text{SI}(5\,\sharp) \quad \text{FA}(6\,\sharp) \\ \text{SOL}(6\,\flat) \quad \text{RE}(5\,\flat) \quad \text{LA}(4\,\flat) \quad \text{MI}(3\,\flat) \quad \text{SI}(2\,\flat) \quad \text{FA}(1\,\flat) \end{cases}^{(a)}$$

4.° Il faut se rappeller par cœur la place qu'occupent les sept dièses et on trouvera celle qu'occupent les sept bémols en les comptant à rebours.

$$\begin{cases} \text{FA}(1^{\text{er}}\,\sharp) \quad \text{UT}(2^{e}\,\sharp) \quad \text{SOL}(3^{e}\,\sharp) \quad \text{RE}(4^{e}\,\sharp) \quad \text{LA}(5^{e}\,\sharp) \quad \text{MI}(6^{e}\,\sharp) \quad \text{SI}(7^{e}\,\sharp) \\ \text{FA}(7^{e}\,\flat) \quad \text{UT}(6^{e}\,\flat) \quad \text{SOL}(5^{e}\,\flat) \quad \text{RE}(4^{e}\,\flat) \quad \text{LA}(3^{e}\,\flat) \quad \text{MI}(2^{e}\,\flat) \quad \text{SI}(1^{er}\,\flat) \end{cases}$$

5.° Pour trouver à chaque ton majeur son relatif mineur (c'est-à-dire le ton qui a les mêmes signes altératifs) il faut descendre chaque gamme majeure d'une 3.° mineure.

$$\begin{cases} \text{UT} \quad \text{SOL} \quad \text{RE} \quad \text{LA} \quad \text{MI} \quad \text{SI} \quad \text{FA}\sharp \quad \text{UT}\sharp \quad \text{FA} \quad \text{SI}\flat \quad \text{MI}\flat \quad \text{LA}\flat \quad \text{RE}\flat \quad \text{SOL}\flat \quad \text{UT}\flat \\ \text{LA} \quad \text{MI} \quad \text{SI} \quad \text{FA}\sharp \quad \text{UT} \quad \text{SOL}\sharp \quad \text{RE}\sharp \quad \text{LA}\sharp \quad \text{RE} \quad \text{SOL} \quad \text{UT} \quad \text{FA} \quad \text{SI}\flat \quad \text{MI}\flat \quad \text{LA}\flat \end{cases}$$

L'on voit que les tons mineurs bémolisés se comptent également comme les tons majeurs à rebours des tons diésés.

6.° Dès que l'on dépasse 4 dièses ou 4 bémols on rencontre un ton synonyme. Cinq $\sharp$ répondent à sept $\flat$, six $\sharp$ à six $\flat$, sept $\sharp$ à cinq $\flat$. Par conséquent cinq $\flat$ répondent à sept $\sharp$, six $\flat$ à six $\sharp$, et sept $\flat$ à cinq $\sharp$. [b]

7.° Les tons qui n'ont point de signes à la clef peuvent en avoir sept de chaque espèce. Ainsi *ut* et *la* peuvent avoir chaque note diésée et chaque note bémolisée, puisqu'ils se trouvent aussi avec chaque note dans l'état naturel.

8.° Enfin pour découvrir le mode d'un morceau et savoir s'il est majeur ou mineur, on cherche ou à la première ou à la dernière mesure la tierce du ton. Si la tierce est majeure le morceau est en majeur, si la tierce est mineure le morceau est en mineur.

CINQUIÈME LEÇON
DE LA VALEUR DES NOTES

Les notes n'ont pas toujours la même durée; pour les distinguer on leur a donné différentes figures qui en expriment la valeur. Voici ces figures avec leurs noms : o *ronde* ou *blanche* ou *noire* ou *croche* ou *double croche* ou *triple croche* et ou *quadruple croche*

VOICI LA VALEUR COMPARATIVE DE CES DIFFÉRENTES NOTES

1 Ronde vaut 2 blanches 4 noires 8 croches 16 doubles croches 32 triples croches 64 quadruples croches.

1 blanche vaut 2 noires 4 croches 8 doubles croches 16 triples croches 32 quadruples croches.

1 noire vaut 2 croches 4 doubles croches 8 triples croches 16 quadruples croches.

1 croche vaut 2 doubles croches 4 triples croches 8 quadruples croches.

1 double croche vaut 2 triples croches 4 quadruples croches.

1 triple croche vaut 2 quadruples croches.

On voit encore quelquefois des quintuples croches qui ne valent que la moitié d'une quadruple croche. [c]

(a) La manière de placer les dièses et les bémols est à-peu-près facultative pourvu qu'on les place sur les lignes où sont les notes qui leur correspondent; néanmoins la manière la plus généralement adoptée, surtout en France, est la suivante.

(b) Parceque la gamme de cinq dièses est SI qui est synonyme de celle d'UT bémol où il y a 7 bémols; que celle de FA♯ (six dièses) est synonyme de celle de SOL♭ (six bémols) et que celle d'UT♯ (sept dièses) est synonyme de celle de RE♭ (cinq bémols). Il en est de même des tons relatifs mineurs.

(c) Il existe dans l'ancienne musique deux valeurs plus grandes que la ronde, ce sont la brève ▯ qui vaut 2 rondes, et la maxime ▯ qui vaut 2 brèves ou 4 rondes.

VOICI CETTE MÊME VALEUR EXPRIMÉE EN NOTES.

Dans cette division de notes on voit que chacune en vaut deux de l'espèce qui la suit immédiatement. Elle s'appelle division *binaire*. Mais il y en a encore une autre où chaque note en vaut trois de l'espèce qui la suit immédiatement. Cette division s'appelle *ternaire*. On l'écrit en faisant des groupes de trois notes surmontées d'un 3 et qu'on appelle *triolets*. D'après cette nouvelle division le triolet en blanches vaut une ronde ou deux blanches binaires; le triolet en noires vaut une blanche ou deux noires binaires; le triolet en croches vaut une noire ou deux croches binaires; le triolet en doubles croches vaut une croche ou deux doubles croches binaires; et ainsi de suite en voici le tableau:

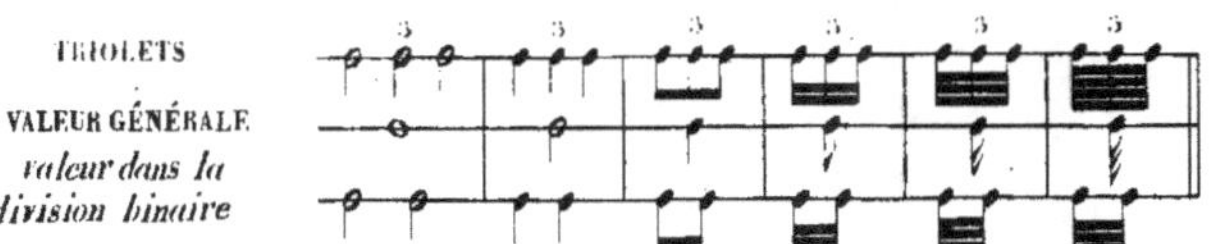

Il existe encore des groupes de six notes appellés *triolets doubles*; on les indique par un 6 placé au dessus. La valeur de chaque note du double triolet est la moitié de celle de chaque note du triolet simple ainsi le vaut; le vaut; et le vaut. (a)

On voit encore, mais moins souvent, des groupes de 5, 7, 9, 10 notes &c. Le chiffre qu'on place au dessus indique combien il en faut pour une noire ou une croche.

Ainsi et valent une noire; et valent une croche; Il est à observer que ces groupes ont toujours *plus*, et jamais *moins* de notes qu'il n'en faudrait pour leur valeur positive.

On peut faire marcher ensemble les deux divisions; mais dans l'éxécution les notes ternaires conservent le plus exactement leur valeur et les notes binaires doivent leur céder un peu. Voici comment il faudrait éxécuter le passage suivant:

Du reste trois contre deux comme dans cet exemple vont très bien ensemble, mais 4 contre 3 vont difficilement ensemble et sont par cette raison peu usités.

(a) Tel est le véritable triolet double; mais on confond quelquefois à tort le double triolet avec un groupe de deux triolets simples. Ainsi lorsqu'on veut que les six notes suivantes s'éxécutent en même tems que deux croches, on ne devrait pas écrire mais Si les compositeurs observaient toujours bien cette différence il ne pourrait jamais y avoir d'incertitude dans la manière d'exécuter les passages à triolets doubles.

SIXIÈME LEÇON
DU POINT.

Le point se place après les notes; il sert à augmenter de moitié la durée primitive de la note.

La ronde pointée vaut trois blanches

La croche pointée vaut trois doubles croches

La blanche pointée vaut trois noires

La double croche pointée vaut 3 triples croches

La noire pointée vaut trois croches

La triple croche pointée vaut 3 quadruples croches

On place quelquefois deux points de suite, dans ce cas là le second point vaut la moitié du premier. Une blanche pointée ainsi, vaut trois noires plus une croche, c'est à dire deux noires pour la blanche, une noire de plus pour le premier point, et encore une croche (moitié de la noire) pour le second point. En voici des exemples :

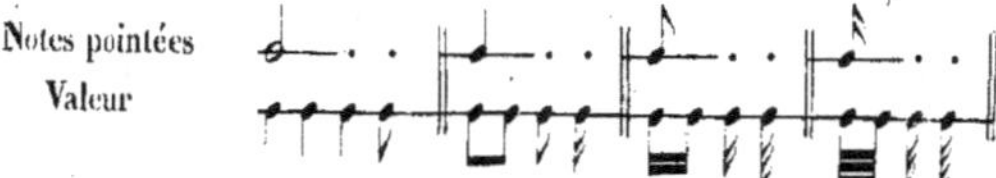

SEPTIÈME LEÇON
DES SILENCES.

Les silences sont des signes qui servent à dénoter l'interruption momentanée des sons. On leur donne différens noms.

1. La pause. Elle vaut une ronde et indique un silence d'une mesure quelconque(ª)

2. La demi pause. Elle vaut une blanche et indique un silence de la moitié d'une mesure à deux ou à quatre tems.

3. Le soupir. Il vaut une noire.

4. Le demi-soupir Il vaut une croche.

5. Le quart de soupir. Il vaut une double croche.

6. Le demi-quart ou huitième de soupir. Il vaut une triple croche.

7. Le seizième de soupir. Il vaut une quadruple croche.

Il existe en outre des silences plus longs que ceux-ci; mais ils sont d'un usage moins fréquent. Ce sont 1.º le bâton de quatre pauses qui vaut un silence de quatre mesures quelconques, et 2.º le bâton de deux pauses qui indique un silence de deux mesures. Si l'on a besoin d'indiquer un silence plus long que quatre mesures on se sert de plusieurs de ces signes réunis ou bien d'un simple trait au dessus duquel on écrit le nombre de mesures à compter 19 ou 19

On voit quelque fois le point placé après un soupir et les silences moindres. Il indique de même que le point placé après la note que ce silence doit être prolongé d'une moitié en sus.

HUITIÈME LEÇON
DES TEMS ET DES MESURES.

Une mesure est la division des valeurs en parties égales en durée, et qu'on sépare par de petites barres qu'on appelle *barres de mesure*.

La mesure elle-même se divise en d'autres parties, égales en durée, qu'on appelle *tems*. Il y a deux sortes de tems, les tems *faibles*, et les tems *forts*.

(ª) Le mot Mesure ainsi que celui de Tems qu'il a fallu employer ici ne seront expliqués qu'à la leçon suivante.

Les mesures se partagent en deux classes; les mesures paires et les mesures impaires.

Les mesures paires sont celles où le nombre des tems est pair, comme deux tems ou quatre tems. Les mesures impaires sont celles où le nombre des tems est impair, comme trois tems et très rarement cinq tems. Les mesures peuvent encore être *simples* ou *composées*. Dans la mesure simple, le 2 représente une blanche, le 4 une noire, (*quart* de la ronde) le 8 une croche (*huitième* de la ronde) et le 16 une double croche (*seizième* de la ronde.)

La mesure composée se forme en ajoutant un point au tems simple.

Les mesures paires simples généralement usitées sont:

1°. La mesure à quatre tems qui s'indique par un C ou un 4; elle vaut une ronde.

2°. La mesure à deux tems qui s'indique par un ¢ ou un 2; elle vaut également une ronde.

3°. La mesure à deux-quatre qui se marque $\frac{2}{4}$; elle vaut une blanche.

Les mesures impaires simples généralement usitées sont:

1°. La mesure à trois-deux indiquée par $\frac{3}{2}$; elle vaut trois blanches. Elle est fort rare.

2°. La mesure à trois-quatre appellée également à trois tems; elle se marque 3 ou $\frac{3}{4}$, et vaut trois noires.

3°. La mesure à trois-huit marquée $\frac{3}{8}$; elle vaut trois croches.

Les mesures paires composées sont:

1°. La mesure à six-quatre marquée $\frac{6}{4}$; elle vaut deux blanches pointées. On peut la considérer comme une mesure à deux tems en triolets.

2°. La mesure à six-huit marquée $\frac{6}{8}$; elle vaut deux noires pointées. On peut la considérer comme une mesure à deux-quatre en triolets.

3°. La mesure à douze-huit marquée $\frac{12}{8}$; elle vaut quatre noires pointées. On peut la considérer comme une mesure à quatre tems en triolets.

Les mesures impaires composées sont:

1°. La mesure à neuf-quatre marquée $\frac{9}{4}$; elle vaut trois blanches pointées. On peut la considérer comme une mesure à trois-deux en triolets. Elle est presque inusitée.

2°. La mesure à neuf-huit marquée $\frac{9}{8}$; elle vaut trois noires pointées et peut se considérer comme une mesure à trois tems en triolets.

3°. La mesure à neuf-seize marquée $\frac{9}{16}$; elle vaut trois croches pointées et peut se regarder comme une mesure à trois-huit en triolets.

Dans la mesure à deux tems, le premier tems est *fort*, et le second *faible*.. On les appelle ainsi, parceque pour faire sentir la mesure, on la bat soit avec le pied soit avec la main, et le premier tems dans la mesure à deux tems se frappe et le second se lève. Les mesures qui se battent à deux tems sont ¢ ou 2, $\frac{2}{4}$, et $\frac{6}{8}$.

La mesure à trois tems n'a que le premier tems qui soit fort; les deux autres sont faibles. La manière la plus habituelle de la battre est de frapper le premier tems, de porter le deuxième à droite, et de lever le troisième[a]

Les mesures qu'on bat à trois tems sont $\frac{3}{2}$, $\frac{3}{4}$ ou 3, $\frac{3}{8}$, $\frac{9}{4}$, $\frac{9}{8}$ et $\frac{9}{16}$.

Dans la mesure à quatre tems, le premier et le troisième tems sont forts, et le deuxième et le quatrième sont faibles; mais comme le second tems fort est moins fort que le premier, on ne frappe pas deux fois, mais on bat de la manière suivante. Le premier tems se frappe, le second se porte à gauche, le troisième à droite, et le quatrième se lève. Les mesures qui se battent à quatre tems sont C et $\frac{12}{8}$.

Outre ces manières générales de battre la mesure on peut quelquefois être obligé de les modifier selon la manière dont un morceau est écrit. Ainsi par exemple dans un mouvement très lent, on peut quelquefois trouver plus facile dans la mesure à $\frac{6}{8}$ de compter six tems que deux, et dans un mouvement très vif, on aime quelquefois mieux ne compter qu'un tems par mesure dans celle à $\frac{3}{8}$ que d'en compter trois.

---

[a] En Italie on bat les deux premiers tems de la mesure à trois tems, et on lève le troisième, et dans la mesure à quatre tems, on bat les deux premiers, on porte le troisième à droite, et on lève le quatrième.

NEUVIÈME LEÇON.
DES ABBRÉVIATIONS
ET DE QUELQUES SIGNES TRÈS USITÉS EN MUSIQUE.

Les abbréviations les plus usitées sont les suivantes: $\eighthnote$ qui remplace ♪♪♪♪, $\eighthnote$ qui remplace huit doubles cro-ches, $\eighthnote$ qui signifie ♪♪♪♪, ou qui remplace seize triples croches ou trente-deux quadruples croches, et par conséquent ou qui remplace 8 triples croches ou 16 quadruples croches, qui remplace ♪♪♪♪♪, et qui remplace ♪♪♪, qui remplace douze doubles croches, et qui signifie six doubles croches.

les abbréviations suivantes

qui remplacent.

&c.

Le signe /, //, ou ///, qui signifie que le passage précédent dans la même mesure, ou dans la mesure qui précède celle-ci, doit se répéter, soit en croches, en doubles croches, ou en triples croches.

Les principaux signes sont; l'*accolade* { qu'on met au commencement de deux ou plusieurs portées pour indiquer; que les notes qui y sont écrites doivent s'exécuter en même temps; le *point d'arrêt* ou *point d'orgue* ⌢ ou ⌣ qu'on met sur une note ou sur un silence; il indique qu'il faut s'arrêter sur la note ou sur le silence au moins deux fois le tems de la valeur marquée; le *coulé* ‿ ou ‿ pour indiquer qu'il faut lier les notes sur lesquelles il se trou-ve par opposition aux notes *piquées* ♪♪♪♪ ou ♪♪♪♪ qui doivent être très détachées; l'*enflé* ＜ qui indique qu'il faut augmenter la force; le *diminué* ＞ qui indique qu'il faut diminuer le son. Lorsque ces deux signes sont réunis comme ◇ il faut d'abord renforcer et puis diminuer le son; ce signe se fait encore quelquefois ainsi $\wedge$ ou $\vee$ alors il indique que la note doit être forcée; la *barre de mesure* ‖ pour séparer les mesures; la *barre finale* ‖ pour indiquer que le morceau est fini; la *reprise* ‖ qui indique qu'il faut répéter deux fois la partie du morceau qui se trouve avant les points. Si les points étaient après comme ‖ il faudrait exécuter la seconde partie deux fois; si les points se trouvaient des deux côtés comme ‖ il faudrait répéter les deux parties; le *renvoi* ⸶ qui indique qu'il faut retourner à l'endroit où on en trouve un pareil, et lorsqu'on voit une ou plusieures mesures entre les signes ⟦ ⟧ il faut les répéter, que ces signes soient ou non accompagnés du mot *bis*.

Il y a encore d'autres abbréviations ou signes d'un genre différent; tels sont le *trille* ou *cadence*; le ∽ *brisé* et le ∾ *mordant* Voici comme doivent s'exécuter les notes sur lesquelles ces signes se mettent:

DIXIÈME LEÇON.
DES SYNCOPES ET DES PETITES NOTES.

Les Syncopes sont des notes placées de façon à ce que la première moitié de leur valeur appartient à la fin d'un tems, et leur seconde au tems suivant. Pour qu'il y ait syncope, il faut qu'une note soit placée entre deux notes qui ont une. valeur deux fois plus petite comme dans les exemples suivans :

  Pour battre les tems quand il se trouve des syncopes, il faut les compter comme si les notes étaient sans syncopes, et dans ce cas là il arrive souvent qu'on frappe la mesure sans faire entendre de note; comme dans les syncopes d'une mesure à l'autre, et on lève lorsque la note se joue.

Les petites notes ne comptent point dans la mesure, c'est-à-dire qu'on peut en placer autant que l'on veut sans être obligé de rien retrancher des notes ordinaires qui doivent y entrer. Il y en a cependant de deux espèces. La première qui se nomme *appogiatura*, est une petite note seule, qui a la propriété particulière de devoir presque toujours être plus appuyée que la note véritable qui suit; ainsi les petites notes suivantes doivent s'exécuter comme sur la seconde portée.

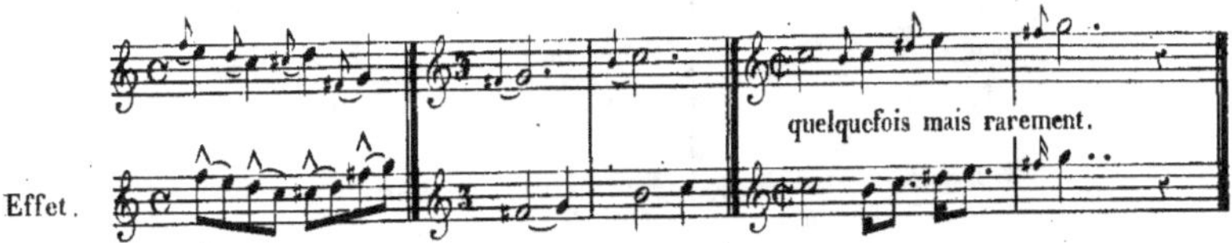

La seconde espèce de petites notes se trouvent le plus souvent après une note surmontée d'un point d'orgue, ou encore lorsque le compositeur veut écrire en toutes notes le brisé, le trille, &c. sans employer les notes ordinaires.

ONZIÈME LEÇON.
DE LA TRANSPOSITION.

Il arrive quelquefois qu'un chanteur voulant exécuter un morceau en trouve le *ton* trop haut ou   trop bas; (c'est ce qui s'appelle aussi le *diapason*,) ou étendue générale du morceau) dans ces cas là, pour le hausser ou le baisser il est obligé d'avoir recours à un moyen qui s'appelle la *transposition*. Sans entrer dans de grands détails à ce sujet, parceque les commençans n'en peuvent pas encore avoir besoin, il suffira d'en donner les principes généraux, et de dire que la théorie en est très facile et la pratique très difficile, ou du moins qu'elle exige une grande habitude.

Pour transposer il faut avoir recours aux clefs, et c'est alors que l'occasion peut se présenter d'avoir besoin des clefs d'*ut* sur la seconde ligne et de *fa* sur la troisième. En outre il faut bien se rappeler la règle des deux demi-tons de la gamme diatonique, parcequ'une transposition mène à d'autres tons. Ainsi supposons qu'on veuille transposer successivement à tous les intervalles le passage suivant. voici avec quelles clefs il faudra le supposer écrit

Il est bien entendu que *re♭* se jouerait comme *re*, *mi♭* comme *mi*, *fa♯* comme *fa*, &c. Enfin *ut♯* ou *ut♭* se jouerait sans transposition, mais en ayant soin de mettre un dièse ou un bémol à chaque note.

* On entend encore par Diapason un instrument qui sert à fixer le degré exact où il faut maintenir le ton d'un orchestre ou d'un instrument.　　　　L. et C.ᵉ 1381.

DOUZIÈME LEÇON.

DES TERMES ITALIENS LES PLUS USITÉS EN MUSIQUE.

Il y a beaucoup de termes italiens usités en musique, et qui ont rapport soit au mouvement dans lequel un morceau doit s'exécuter, soit à l'expression qu'on doit y mettre. Ils sont indispensables à connaître, du moins les principaux qui sont les suivans:

1° TERMES INDIQUANT LES MOUVEMENS.

MOUVEMENS LENTS.

Grave	Grave.
Largo	Large.
Larghetto	Moins large.
Lento	Lent.
Adagio	Posé.

(ces 5 mouvemens sont très lents.)

Andante	
Andantino	Mouvemens moins lents que les cinq premiers, d'une traduction difficile.
Cantabile	

MOUVEMENS MODÉRÉS.

Tempo giusto	Mouvement ordinaire.
Moderato	Modéré.
Allegretto	Un peu gai.
Tempo di minuetto	Mouvement du menuet.

MOUVEMENS PROMPTS.

Allegro	Gai.
Presto	Vif.
Prestissimo	Très vif.
Vivace	Vif.
Veloce	Prompt.

(ces 4 mouvemens sont très prompts.)

2° TERMES INDIQUANT L'EXPRESSION.

Maestoso	Majestueux.
Con anima	Avec âme.
Espressivo	
Con espressione	Avec expression.
Sostenuto	Soutenu.
Con brio	Avec verve.
Agitato	Agité.
Con fuoco	Avec feu.
Scherzando	Légèrement et en badinant.
Animato	Animé.
Con moto	Avec du mouvement.
Più mosso	Plus vite.
Un poco	Un peu.

SUITE.

Un poco più (sans rien après)	Un peu plus vite.
Stringendo	En serrant le mouvement.
Affrettando	En pressant.
Rallentando	En rallentissant.
Tremolando	En tremblant [a]
Ritardando	En retardant.
Smorzando	En étouffant le son.
Morendo	En mourant.
Diminuendo ou calando	En diminuant.
Crescendo	En augmentant de force.
Ripigliando il tempo	En reprenant le mouvement.
A tempo / Tempo primo	Premier mouvement.
Colla parte / Colla voce	Attendre la partie de chant.
Mezza voce	A demi-voix ou à demi-jeu.
sf. pour Sforzato	Forcé.
Rinf pour Rinforzando	Renforcé.
mf pour Mezzo forte	A moitié fort.
P pour Piano	Doux.
PP pour Pianissimo	Très doux.
fp pour Forte piano	Doux mais la 1re note forte.
f pour Forte	Fort.
ff pour Fortissimo	Très fort.
Assai	Très.
Più	Plus.
Meno	Moins.
Con	Avec.
Tempo radoppiato	Mouvement redoublé.
L'istesso tempo	Même mouvement.
Tempo di marcia	Mouvement de marche.
Risoluto	Résolu.
Poco	Peu.
a Poco a poco	Peu à peu.
Deciso	Décidé.
Appassionato	Passionné.
Sempre	Toujours.

---

[a] Dans un morceau de Piano, ce mot écrit au dessus de certains passages analogues aux abbréviations de la page 10 signifie qu'il faut en répéter les notes aussi vite que l'exécution le permettra. Sur les instrumens à corde le Tremolo est une répercussion très prompte d'une note ou d'un accord.